BEI GRIN MACHT SICH IHR WISSEN BEZAHLT

- Wir veröffentlichen Ihre Hausarbeit, Bachelor- und Masterarbeit

- Ihr eigenes eBook und Buch - weltweit in allen wichtigen Shops

- Verdienen Sie an jedem Verkauf

Jetzt bei www.GRIN.com hochladen und kostenlos publizieren

GRIN

Miriam Konrad

Dido und die Frage nach der Schuld

**Behandelte Werke: Aeneis I und IV (Vergil), Heroides VII (Ovid) und Eneas-
roman (Heinrich von Veldeke)**

GRIN Verlag

Bibliografische Information der Deutschen Nationalbibliothek:

Die Deutsche Bibliothek verzeichnet diese Publikation in der Deutschen National-
bibliografie; detaillierte bibliografische Daten sind im Internet über http://dnb.d-
nb.de/ abrufbar.

Impressum:

Copyright © 2012 GRIN Verlag GmbH
Druck und Bindung: Books on Demand GmbH, Norderstedt Germany
ISBN: 978-3-656-50162-6

Dieses Buch bei GRIN:

http://www.grin.com/de/e-book/232575/dido-und-die-frage-nach-der-schuld

GRIN - Your knowledge has value

Der GRIN Verlag publiziert seit 1998 wissenschaftliche Arbeiten von Studenten, Hochschullehrern und anderen Akademikern als eBook und gedrucktes Buch. Die Verlagswebsite www.grin.com ist die ideale Plattform zur Veröffentlichung von Hausarbeiten, Abschlussarbeiten, wissenschaftlichen Aufsätzen, Dissertationen und Fachbüchern.

Besuchen Sie uns im Internet:

http://www.grin.com/

http://www.facebook.com/grincom

http://www.twitter.com/grin_com

Seminararbeit

im W-Seminar „Gestalten der antiken Mythologie"

Dido und die Frage nach der Schuld

behandelte Werke: Aeneis I und IV (Vergil), Heroides VII (Ovid) und Eneasroman (Heinrich von Veldeke)

von

Miriam Konrad

Abgabetermin: 6. November 2012

2

Inhaltsverzeichnis

1. Überblick über den Mythos[1] und Relevanz der Frage nach der Schuld

Dido stammt ursprünglich aus Tyrus und ist dort mit einem Mann namens Sychaeus verheiratet gewesen. Nach der Ermordung ihres Gatten durch ihren habgierigen Bruder Pygmalion bricht Dido mit einer kleinen Schar Anhänger auf und verlässt das Land. Sie baut sich in Libyen, wo ihr der dortige Herrscher Iarbas ein Stück Land verkauft, eine neue Existenz auf und gründet die Stadt Karthago.

Als inzwischen mächtige Königin weist sie sämtliche Freier, darunter auch Iarbas, stets mit der Begründung ab, sie habe ihrem Mann Sychaeus geschworen, nach ihm nie wieder zu heiraten. Schließlich landet Aeneas, der aus dem besiegten Troja geflohen ist, nach einer langen Irrfahrt mit seiner Flotte an der libyschen Küste. Um sicherzustellen, dass ihr Sohn in Karthago freundlich aufgenommen wird, belegt die Göttin Venus zusammen mit Cupido Dido mit einem starken Liebeszauber. Dies hat zur Folge, dass sich die Königin über alle Maßen in den Trojaner verliebt, ihn und seine Anhänger großzügig bei sich aufnimmt und mit Geschenken überhäuft, und starke seelische Schmerzen verspürt, sobald sie nicht in Aeneas' Nähe ist. Bei einem von den Göttern initiierten Jagdausflug kommt es zur Liebesvereinigung zwischen Dido und Aeneas. Bald darauf wird dem geflohenen Trojaner jedoch von den Göttern befohlen, sofort nach Italien abzureisen, dem von ihnen für ihn vorgesehenen Ziel.

Dido tötet sich schließlich selbst, weil sie weder die Trennung von Aeneas noch ihre eigenen Schuldgefühle ertragen kann.

Die Frage nach Didos Schuld ergibt sich damit aus ihren zahlreichen Selbstvorwürfen. Für den Betrachter erscheint Dido wohl kaum als belastete, schuldige Person; sie selbst ist jedoch von ihrer eigenen „scholde" (En. 2037, 2191, 2300, vgl. auch Her. VII 86) überzeugt. Wieso spricht Dido aber so oft von ihrer Schuld oder der der anderen Beteiligten? Wer ist wirklich schuld an ihrem Unglück? Was für ein Mensch ist Dido und welche Konsequenzen zieht ihre Beziehung zu Aeneas nach sich? Was kann man Dido wirklich vorwerfen?

Sie selbst verurteilt sich beispielsweise für ihre maßlose Liebe zu Aeneas[2] (vgl. En. 2365):

Es „rouwet [Dîdô] sêre, / daz [si im] gût und êre / alsô vile hân erboten" (En. 2121ff., vgl. auch 2040ff.) und sie ihm „regni demens in parte" (Aen. IV 374) überlassen hat. Sie bereut es aufs Äußerste, dass sie für Aeneas „meriti famam corpusque animumque pudicum" (Her. VII 5) aufgegeben hat und „sô schiere […] / sînen willen getete / dorch sô wênige bete" (En. 1882ff.). Das Geschehene sieht sie als „missetât" (En. 2034) an, die sie in „grôze nôt" (En. 1885) gebracht hat.

---

[1] Die zugrunde liegenden Quellen sind die in dieser Arbeit behandelten Werke (Aeneis Buch I und IV, Eneasroman, Heroides VII).

[2] Dido bezeichnet sich in dieser Hinsicht als „stulta" (Her. VII 28), weil sie den „infidum" (Her. VII 30) Aeneas nicht hassen kann (vgl. Her. VII 28ff.).

Als Didos Verhältnis zu Aeneas in der Stadt bekannt wird (vgl. En. 2418f.), schwindet ihr soziales Ansehen (vgl. Her. VII 97a) nicht nur aufgrund des vorehelichen Beischlafs, sondern auch wegen Didos vorheriger öffentlicher Beteuerungen ihres Treueschwurs an Sychaeus.

Gerade Sychaeus gegenüber quält Dido nun ein schlechtes Gewissen: „[N]on servata fides cineri promissa Sychaeo" (Aen. IV 552) und „violata Sychaei / iura" (Her. VII 97f.) ist sie „plena pudoris" (Her. VII 98).

Dido, die nach eigenem Bekunden zeitweise ihre „êren sô vergaz" (En. 2195), kann sich ihr eigenes Handeln nicht verzeihen (vgl. En. 2198ff.) und erkennt durchaus, dass ihre Einsicht zu spät kommt (vgl. Aen. IV 596f.).

Ganz in ihrer vernichtenden Selbstkritik versunken, bedauert sie alles – von der Tatsache, Aeneas überhaupt kennengelernt zu haben (vgl. En. 2179) bis hin dazu, dass sie „ie wart geboren" (En. 2040). Damit ist sie überzeugt, die einzig verbleibende Lösung für sie liege im Suizid. Sogar kurz vor ihrem Tod wirft Dido sich noch vor, sich nicht viel eher getötet zu haben (vgl. En. 2408), auch wenn sie später in der Unterwelt ihren Selbstmord „rou [...] vile sêre / und dûhte si unêre" (En. 3305f.).

2. Die Figur der Dido

2.1 Charakter und Äußeres

Zum Zeitpunkt ihres Selbstmordes beschreibt Veldeke Dido als „ubile gevar" (En. 2334) mit der Begründung, dass „si ubile gedahte" (En. 2335)[3]. Im Allgemeinen wird die Königin jedoch stets als sehr schöne Frau dargestellt: Vergil bezeichnet sie sogar mehrmals als „pulcherrima" (Aen. I 496, IV 60, vgl. auch IV 92 „pulchra") und vergleicht sie gleich zu Beginn mit Diana[4] (vgl. Aen. I 498ff.), einer Göttin, die nach Ansicht des Erzählers der Aeneis „deas supereminet omnis" (Aen. I 501) – freilich zu einem Zeitpunkt, als Dido noch „laeta" (Aen. I 503) genannt werden kann.

Laut Merkurs Auffassung kann man eine Frau (und in diesem Kontext bezieht er sich insbesondere auf Dido) grundsätzlich als launisch und wankelmütig bezeichnen (vgl. Aen. IV 569f.)[5]. Für die Darstellung Vergils mag dies durchaus zutreffen: Nachdem Dido Aeneas' Pläne zur baldigen Abfahrt mitgeteilt worden sind, bleibt von ihrer ursprünglichen Gewogenheit nicht viel: Sie sieht sich als „inrisa" (Aen. IV 534) und ist daher ihm gegenüber „furiis incensa" (Aen. IV 376, vgl. auch IV 364 „accensa")[6].

---

[3] Von den drei hier behandelten Autoren ist Veldeke der einzige, der Didos Äußeres auch negativ beschreibt. So kommentiert der Erzähler im Eneasroman beispielsweise, Dido sehe sehr schlecht aus (vgl. En. 1459), nachdem sie von Liebesleid gequält eine schlaflose Nacht verbracht hat.

[4] Der Vergleich mit der Jagdgöttin findet sich auch bei Veldeke (vgl. En. 1794f.), hier in direktem Kontext zum Jagdausritt der Königin und ihres Gastes. „[H]êrlîche / gezieret mit gewande" (En. 1688f.), also in prächtiger Jagdkleidung (vgl. Aen. IV 133ff., En. 1687ff.), kommt Didos Schönheit noch mehr zum Ausdruck, schließlich ist sie „ein wol geschaffen wîb, / sô si baz endorfte sîn" (En. 1700f.).

[5] Dem widerspricht Binder: Dido sei in ihrer Beziehung zu Aeneas eben alles andere als „wankelmütig" gewesen, obwohl ihr dessen Verhalten durchaus Anlass dazu gegeben hätte (vgl. Binder 2000. S. 135).

[6] Im Gegensatz dazu verzeiht Dido Aeneas im Eneasroman: „die scholde wil ich û vergeben" (En. 2446).

Gleich zu Beginn von Ovids *Heroidenbrief* nennt sie sich daher „arm" (vgl. Her. VII 7) und ist entschlossen zu sterben (vgl. Aen. IV 519, 564).

„Magna mei sub terras ibit imago" (Aen. IV 654) – Dido tröstet sich mit der Vorstellung, zumindest ihr Schattenbild in der Unterwelt werde etwas von ihrem früheren Wesen zeigen. Attribute wie „optima" (Aen. IV 291), „mâre" (En. 731, 2003) und „edele" (En. 2462, vgl. auch 2495 „edelen") verdeutlichen ihr vornehmes und ehrenwertes, ihrer Stellung entsprechendes Verhalten.

2.2 Von der Geflohenen zur Herrscherin

Diese Machtposition hat Dido allerdings nicht schon von Geburt an inne, sondern ist das Ergebnis enormer Anstrengungen: Sei es, dass sie wie in der *Aeneis* nach der Ermordung ihres Gatten aus eigenem Antrieb aus Tyrus geflohen ist (vgl. Aen. I 341), sei es, dass sie entsprechend den Schilderungen Ovids und Veldekes von ihrem Bruder und dessen Gefolgsleuten vertrieben worden ist (vgl. Her. VII 115, En. 304) – der Weg in die neue Heimat war beschwerlich (vgl. Her. VII 116): Von Feinden verfolgt (vgl. Her. VII 116) und mit „ein lutzilez here" (En. 307) gelangt sie schließlich in ein ihr völlig fremdes Land (vgl. Her. VII 117).

Nachdem sie von Iarbas dort ein Stück Land erworben hat, legt sie den Grundstein für „veste torne unde hô, / eine schône mûre" (En. 340f., vgl. auch Aen. I 365, Her. VII 119f.). Die Lage der Stadt ist klug gewählt: „[D]az mer [auf] einer sîte [...] und anderhalb die flûmen" (En. 392ff.) stellen einen natürlichen Schutz gegen Angriffe von außen dar[7]. Eifrig bauen die Bürger bei Vergil an den Stadtmauern und an der Burg und legen die Fundamente für ein Hafenbecken und ein Theater (vgl. Aen. I 420ff.), sodass Aeneas, der das Ganze betrachtet, die Einwohner nahezu begeistert und überwältigt von der wachsenden Stadt mit „o fortunati" anruft (Aen. I 437). Auch Syndikus zeigt sich beeindruckt von diesen gewaltigen Leistungen[8] und rühmt Didos Fähigkeit, dies allein durch ihre Klugheit und ihren Reichtum[9] zu vollbringen. Die Königin ist nämlich eine sehr „wîse" (En. 2426, 2521, vgl. auch 407 „wîstûm) und „listichlîche" (En. 344, vgl. auch 313 „listichlîchen") Herrscherin.

Die Vergrößerung ihrer Verfügungsgewalt[10] gelingt ihr ohne Zweifel außerordentlich gut: „[D]az lant sie berihte / sô iz frouwen wol gezam" (En. 290f.) und „ir wart gehôrsam / Libîâ daz lant al" (En.

---

[7] Dieser ist insbesondere in der *Aeneis* und den *Heroides* von Bedeutung, da sich Karthago in diesen beiden Darstellungen zum Zeitpunkt der Erzählung im Gegensatz zum *Eneasroman* noch im Aufbau befindet (vgl. Aen. I 365f., Her. VII 11f.).

[8] Vgl. Syndikus 1992. S. 62.

[9] Didos Reichtum scheint untrennbar mit ihrer Herrschaftsgewalt verbunden zu sein: In Bezug auf entsprechende Passagen im *Eneasroman* sollte nämlich beachtet werden, dass dem mittelhochdeutschen „rîche" (En. 343, 2517, vgl. auch En. 3297 und 407 „rîchtum) im Neuhochdeutschen nicht nur der Begriff „reich", sondern auch das Wort „mächtig" entspricht (vgl. Lexer 1878).

[10] Vgl. Syndikus 1992. S. 64.

6

346f.). Dido ist Landesherrin und damit sind die umliegenden Grafen von ihr abhängig[11], doch scheinbar genügt dies der Königin noch nicht: Ihr Ziel ist es, „daz Kartâgô diu mâre / houbestat wâre / uber alliu diu rîche, / und daz ir geliche / diu lant wâren untertân" (En. 421ff.)[12]. Ihren Bürgern gegenüber regiert sie gerecht, treibt sie zur Arbeit an und verteilt die anfallenden Aufgaben angemessen (vgl. Aen. I 504ff.). Dies hat zur Folge, dass ihr späterer Tod vom Volk „lamentis gemituque" (Aen. IV 667) beklagt wird und „ritter unde frouwen / [...] vile sêre [weinen], / den si gût und êre / dâ bevoren hete getân" (En. 2484ff.).

2.3 Didos Verhalten als Gastgeberin

Didos Großzügigkeit kommt auch Aeneas zugute: Seine Gefolgsleute und er werden gleich nach ihrer Ankunft mit zwanzig Stieren, hundert Schweinen, hundert Lämmern und deren Mutterschafen (vgl. Aen. I 634f.) beschenkt; später erhält Aeneas noch einen Mantel, der mit Goldfäden durchzogen ist (vgl. Aen. IV 262ff.). „[U]rbem quam statuo, vestra est" (Aen. I 573) – mit diesen Worten unterstreicht Dido ihr generöses Angebot, die Trojaner mit Rechten auszustatten, die den ihren gleich kämen (vgl. Aen. I 572)[13].

„Non ignara mali" (Aen. I 630) fühlt sie sich aufgrund ihrer eigenen Vergangenheit mit den geflohenen Trojanern verbunden[14] (vgl. En. 527ff.) und sichert ihnen daher Schutz und Unterstützung zu (vgl. Aen. I 571)[15]. Für diesen „gûtliche[n]" und „minnelîche[n]" Empfang (En. 455, 732, 758, vgl. auch 621 „mit minnen") ist in gewisser Weise Jupiter verantwortlich, der den Sohn der Maia zu Dido geschickt hat (vgl. Aen. I 297), um einen „quietum [...] animum mentemque benignam" (Aen. I 303f.) der Herrscherin zu sichern. Damit ist sichergestellt, dass Dido „amissam classem, socios a morte" (Aen. IV 375) rettet.

Während die Königin bei Vergil aus Gastfreundschaft den Trojanern ein üppiges Festmahl bereitet (vgl. Aen. I 697ff.), bedarf es dazu im *Eneasroman* ein weiteres Mal göttlicher Beeinflussung, nun in

---

[11] Vgl. Syndikus 1992. S. 69;, ähnlich auch Semrau 1930. S. 6.
[12] Dieses Ziel wird allein an der späteren Vormachtstellung Roms scheitern (vgl. En. 426f.), denn Karthago ist nicht nur eine äußerst prächtige Stadt (vgl. Aen. IV 655, En. 285ff., 437, 362ff., 611, 706f., 714ff., Her. VII 119f.), sondern ist auch für seine militärische Stärke bekannt (vgl. Aen. I 14, 339, En. 708f.), wiederum bedingt durch Didos Herrschaftssystem (vgl. Aen. I 540f., 564).
[13] Nach Dittrichs Ansicht ist dieses Angebot in der Aeneis königlicher dargestellt als im Eneasroman (vgl. Dittrich 1966. S. 148); Syndikus hingegen ist der Meinung, dass Dido dafür, dass sie Aeneas zu diesem Zeitpunkt noch nie gesehen hat, in ihren Versprechungen sehr weit geht (vgl. Syndikus 1992. S. 70, vgl. auch Her. VII 90).
[14] Vgl. Binder 2007. S. 158.
[15] Binder sieht darin ein Höchstmaß an tragischer Ironie, was Didos Empfangsrede zu einem „Musterbeispiel hoher epischer Rhetorik" macht (Binder 2007. S. 157).

Form des Liebeszaubers (vgl. En. 805ff., 880ff., 1311, 1620f.)[16]. Zusätzlich erhält Eneas ein äußerst prunkvoll ausgestattetes Zimmer (vgl. En. 1262ff.)[17].

3. Aspekte einer möglichen Schuld Didos

3.1 Aufdringlichkeit, Beleidigungen und Fluch gegenüber Aeneas

Leider bringt Didos offene und freundliche Aufnahme nicht nur Vorteile mit sich: Schon bald nach Aeneas' Ankunft möchte sie von ihm immer wieder Bericht über den Fall Trojas und die anschließende Irrfahrt erstattet bekommen (vgl. Aen. IV 77ff.), obwohl ihr Gast gleich zu Beginn bekundet, dass es ihm „wê tût" (En. 211), sich die Geschehnisse erneut ins Gedächtnis zu rufen.

Auch wenn sie aus diesen Erzählungen das Ziel des Aeneas kennt (vgl. En. 1226), bringt sie ihn dazu, „nunc Carthaginis altae / fundamenta locas pulchramque [...] urbem" (Aen. IV 265f.) mit aufzubauen. Zu Recht fürchtet Aeneas, dass Dido ihn in Kenntnis seines Plans am Aufbruch und damit an der Erfüllung des Göttergebots hindern und ihn dauerhaft an sich binden würde (vgl. En. 1988ff.)[18]. In seiner Annahme, die Königin missgönne ihm ein eigenes Herrschaftsgebiet (vgl. Aen. IV 349f.) und möchte ihn deswegen von seinem Vorhaben abbringen, liegt er dennoch falsch: Dido will ihn allein aufgrund ihrer Liebe und der ihrer Ansicht nach vollzogenen Ehe bei sich behalten.

Als Aeneas dennoch nicht von seinen Abreiseplänen ablässt, nennt sie ihn „perfide" (Aen. IV 305, 366, Her. VII 79, 118), „scelerate" (Her. VII 133) und „improbe" (Aen. IV 385, vgl. auch En. 2205) und bestreitet seine göttliche Abstammung (vgl. Aen. IV 365ff., Her. VII 37ff.). Während die Verlassene voller Wut auf Aeneas all seine Geschenke sowie das gemeinsame Bettzeug verbrennt (vgl. Aen. IV 494ff., En. 2323ff.), verflucht sie ihn und alle seine Nachfahren[19]. Mit einem Polyptoton beginnt Dido ihre Verwünschungen – „perdita ne perdam [...] noceamve nocenti / neu bibat aequoreas naufragus hostis aquas" (Her. VII 61f.) – und hofft, dass er „mediis [...] supplicia hausurum scopulis [esse]" (Aen. IV 382f.).

Dennoch findet sich in jedem der drei hier behandelten Werke Didos wohlwollende Bitte, Aeneas möge doch wenigstens besseres Wetter und günstigeren Wind abwarten (vgl. Aen. IV 430, Her. VII

---

[16] Auch in der Aeneis wird Dido mit einem Liebeszauber belegt (vgl. Aen. I 656ff., siehe auch 4.3); allerdings lädt sie ihn hier schon vorher zu ihrem Gastmahl ein (vgl. Aen. I 634ff.).

[17] Semrau deutet dies damit, dass Veldeke „Ordnung im Haushalt als ein Muster für die höfischen Damen" (Semrau 1930. S. 5) darstellen will.

[18] Als diese schließlich tatsächlich von seinen Abfahrtsvorbereitungen erfährt, schickt sie mehrmals ihre Schwester zu ihm (Aen. IV 437f.), welche ihn umstimmen soll.

[19] „[N]ullus amor populis nec foedera sunto" (Aen. IV 624) – dieser Ausruf dient in der Aeneis, die eine Art Nationalepos der Römer sein will, zur Begründung der punischen Kriege zwischen Rom – gegründet von den Nachkommen des Aeneas – und Karthago (vgl. Dittrich 1966. S. 479). Da diese Funktion dem mittelalterlichen Dichter nur noch geringe Bedeutung hat, ist es ihm möglich, Didos Hass und Racheschwur in Verzeihung umzuwandeln (vgl. En. 2446; Dittrich 1966. S. 154; Binder 2000. S. 23). Kartschoke meint, Dido würde Aeneas bereits bei Ovid verzeihen (vgl. Kartschoke 1983. S. 101). Dem ist nur bedingt zuzustimmen, da sie zwar zugibt, ihn nicht hassen zu können (vgl. Her. VII 29f.), ihn im Gegensatz zum Eneasroman aber nie offen von seiner Schuld freispricht – im Gegenteil: Im vorletzten Vers ihres Briefes äußert sie den Wunsch, auf ihrem Grabstein solle stehen: „praebuit Aeneas [...] causam mortis" (Her. VII 195). Siehe auch 4.2.

8

171ff., En. 2139ff.), bevor sie ihm die Abfahrt nach Latium zugesteht (vgl. Aen. IV 431f.) und „den geliebten Mann in Selbstaufopferung frei[gibt]"[20].

3.2 Wortbruch gegenüber Sychaeus und taktloses Verhalten gegenüber Iarbas und früheren Freiern

Didos Liebe zu Aeneas ist bereits von Beginn an von ihrem Wortbruch gegenüber Sychaeus überschattet[21]. In der Nichteinhaltung ihres Schwurs, „daz [si] nimmer mêre / deheinen man genâme" (En. 1490f.), sieht Binder ein persönliches Versagen Didos[22], die sich anfangs allerdings noch darum bemüht, ihr Wort zu halten. Ihrer Schwester Anna gegenüber verkündet sie, eher sterben zu wollen, als Sychaeus untreu zu werden (vgl. Aen. IV 16ff.)[23]. Später verdrängt sie ihre Schuld und wird sich dieser erst kurz vor ihrem Tod bewusst[24]. Sie bittet ihren toten Gatten, ihr zu verzeihen (vgl. Her. VII 105), wenn das Ehepaar in der Unterwelt wieder vereint ist[25].

Im *Eneasroman* wird Didos Wortbruch weitaus weniger Bedeutung beigemessen als in der *Aeneis* und im *Heroidenbrief*; nach Schröders Ansicht dient das Ehelosigkeitsgelübte der Königin hier lediglich dazu, die für Dido lästigen Freier (vgl. Her. VII 123: „mille [Hervorh. d. Verf.] procis placui"), die sie verschmäht, zu beschwichtigen[26] – allen voran Iarbas (vgl. Aen. IV 36f.), den hartnäckigsten unter ihnen[27].

Abgesehen von der Tatsache, dass Dido ihn beim Erwerb des Stück Landes, auf dem sie später ihre Stadt erbaut, überlistet[28], ist Iarbas vor allem „amens animi et [...] accensus" (Aen. IV 203)[29], weil Dido „conubia [...] / reppulit ac dominum Aenean in regna recepit" (Aen. IV 213f.).

Auch die anderen Freier, von denen keiner sie von sich überzeugen konnte (vgl. Aen. IV 35, vgl. auch 536 „dedignata"), zeigen sich zornig darüber, dass sie „sie verkoren" (En. 1935) hatte und „daz sie hâte genomen / den vertriben Troiâre" (En. 1946f.; vgl. auch Her. VII 123f.). Dadurch sind diese der

---

[20] Dittrich 1966. S. 480. Dieses Verhalten sieht Dittrich als Beweis der Größe ihres Charakters (vgl. Dittrich 1966. S. 153).
[21] Vgl. Syndikus 1992. S. 76. Syndikus erklärt die Protagonistin bei Vergil explizit für schuldig.
[22] Vgl. Binder 2000. S. 135.
[23] Dies begründet Syndikus damit, dass Dido zunächst gar nicht in der Lage ist, ihre Treue aufzugeben (vgl. Syndikus 1992. S. 75).
[24] Vgl. Syndikus 1992. S. 76.
[25] Vgl. Kartschoke 1983. S. 99.
[26] Vgl. Schröder 1968. S. 30, En. 1934ff.
[27] Vgl. Binder 2009. S. 162. Im Eneasroman erscheint Iarbas lediglich als Randfigur (vgl. Semrau 1930. S. 9).
[28] Nach der Abmachung, Dido bekäme die Fläche, die sie mit einer Kuhhaut bedecken könne, fertigte sie daraus einen Riemen, den sie an einen Pfahl band und damit einen Kreis zog (vgl. En. 313ff., Binder 2007. S. 151).
[29] Vgl. auch Binder 2009. S. 162.

Herrscherin „vile gram" (En. 1920), sprechen „ir hônliche zû" (En. 1942, vgl. auch 1922) und „hazeten sie vil sêre" (En. 1939, vgl. auch 2184f.)[30].

3.3 Vernachlässigung der königlichen Pflichten

War Dido zuvor noch wegen ihrer umfangreichen Macht gefürchtet (vgl. En. 409), muss sie nun selbst um die Sicherheit ihrer Stadt bangen: Die Stämme der Libyer, Numider und Tyrier sind ihr feindlich gesinnt (vgl. Aen. IV 320f.) und könnten Karthago angreifen[31] (vgl. En. 2189). In diesem Fall würde Dido selbst ein weiteres Mal vertrieben werden und wäre somit außer Stande, die Stadt zu verteidigen (vgl. En. 2188, 2190)[32].

Ein entscheidender Fehlentschluss Didos, der sie in diese aussichtslose Lage geführt hat, besteht darin, ihre gesamte Herrschaftsgewalt an Aeneas, einen Fremden, abzugeben (vgl. En. 1953ff., Her. VII 149f.)[33]. Zwar beteiligt sich Aeneas bei Vergil später auch am Aufbau Karthagos (vgl. Aen. IV 260)[34], doch zunächst überlässt Dido die Stadt viel zu lange sich selbst: „non coeptae adsurgunt turres, non arma iuventus / exercet portusve aut propugnacula bello / tuta parant: pendent opera interrumpta minaeque / murorum ingentes aequataque machina caelo" (Aen. IV 86ff.). Damit vernachlässigt sie ihre königlichen Pflichten[35], ebenso wie ihre „êre"[36] und wird damit an ihrem Volk schuldig[37]. Nach Aeneas' Abreise ist Karthagos Untergang quasi besiegelt und durch den Selbstmord der Königin Karthago völlig führungslos[38]. So wirft ihr auch ihre Schwester Anna vor: „[E]xtinxti te meque, soror, populumque patresque / Sidonios urbemque tuam" (Aen. IV 682f.). Durch ihren Selbstmord stürzt Dido also nicht nur Karthago, sondern auch Anna ins Unglück.

---

[30] Im Gegensatz zu Schröder sieht Syndikus die Ursache für den Hass der Landesherren nicht in der Liebe zu Aeneas (vgl. Schröder 1968. S. 51), sondern darin, dass die Landesherren durch die Verbindung zwischen Dido und Aeneas die Chance auf die Herrschaftsgewalt über Karthago verlieren, welche sie durch eine Heirat mit der Königin erhalten hätten. Dadurch, dass sich die Stadt in der Aeneis und in den Heroides noch im Aufbau befindet, stellt Didos Ablehnung Iarbas gegenüber in diesen Werken lediglich eine persönliche Kränkung dar (vgl. Syndikus 1992. S. 79f.).

[31] Vgl. Syndikus 1992. S. 91.

[32] Vgl. Syndikus 1992. S. 87. Ähnlich beurteilt dies auch Dittrich, die von einer „gefahrvolle[n] politische[n] Situation" spricht (Dittrich 1966. S. 152).
Auch für diese Tatsache bekennt sich Dido selbst schuldig (vgl. En. 2191: „wand die scholde sint mîn", vgl. auch Schröder 1968. S. 51).

[33] Solange dieser freilich in Karthago verweilt, können die umliegenden Fürsten Dido gleichgültig sein (vgl. Syndikus 1992. S. 88), schließlich ist durch dessen Anwesenheit Didos Stellung und Würde sicher verbürgt (vgl. Schröder 1968. S. 30).

[34] Vgl. Dittrich 1966. S. 151, Binder 2000. S. 125.

[35] Vgl. Binder 2000. S. 120, Kartschoke 1983. S. 107.

[36] Vgl. Kartschoke 1983. S. 110.

[37] Vgl. Kartschoke 1983. S. 111.

[38] Kartschoke beurteilt dies als Verstoß gegen die „Grundbedingungen feudaler Herrschaft – körperliche Präsenz, Unversehrtheit, Einsatzbereitschaft" (Kartschoke 1983. S. 108f.). Syndikus merkt an, dass bei Vergil und Ovid lediglich eine unvollständig etablierte Herrschaft zusammenbricht (vgl. Syndikus 1992. S. 73). Damit ist die Sachlage bei Veldeke um einiges schwerwiegender.

3.4 Rücksichtslosigkeit gegenüber ihrer Schwester Anna

Nach Didos Selbstmord bleibt Anna „deserta" (Aen. IV 677), allein und hilflos, in Karthago zurück. „[B]etrûbet [wart] ir mût" (En. 2460), sie weint, schreit (vgl. En. 2477f.) und zerkratzt sich ihr Gesicht (vgl. Aen. IV 673). Sie macht sich große Vorwürfe, nicht besser auf die Schwester aufgepasst (vgl. En. 2467ff.) und deren Absichten nicht erkannt zu haben. In der Schilderung Vergils ist Anna außerdem enttäuscht, nicht in Didos Suizidbeschluss eingeweiht[39] (vgl. Aen. IV 677f.), sondern von ihr böswillig überlistet worden zu sein (vgl. Aen. IV 476f., 675), und fühlt sich ihr grausam fern (vgl. Aen. IV 681). Ohne Zweifel ist auch die Tatsache, dass Anna für Dido deren späteren Scheiterhaufen errichten muss (vgl. Aen. IV 494f.), als äußerst grausam und unmoralisch zu bewerten, da Dido die (dadurch noch verstärkten) psychischen Qualen ihrer Schwester vorhersehen hätte müssen.

3.5 Verstoß gegen sittlich-moralische Normen und daraus resultierende persönliche Konsequenzen

Nicht nur in dieser Hinsicht überschreitet Dido sittlich-moralische Normen: Ihre vorschnelle Hingabe an Aeneas (vgl. En. 1881ff., Her. VII 5f.)[40], ihre Gleichgültigkeit gegenüber ihren Verpflichtungen[41] sowie ihr Selbstmord lassen jegliche Beachtung gesellschaftlicher Wertvorstellungen vermissen[42]. Ehre und Ansehen sind ihr zu Beginn ihrer Beziehung zu Aeneas vollkommen gleichgültig (vgl. Aen. IV 91, 170f., 321ff., En. 1948ff., 2195), sodass sie, nachdem ihr „schade und [...] schande" (En. 2417) in der Stadt bekannt geworden sind (vgl. Aen. IV 194, 221, En. 2094f., 2182f., 2418f.), ihren guten Ruf – trotz des Versuches, ihre ihr in der *Aeneis* eindeutig zugeschriebene Schuld durch eine ihrer Ansicht nach vollzogene Ehe mit Aeneas zu relativieren (vgl. Aen. IV 172) – gänzlich verliert (vgl. En. 2474f., Her. VII 98).

Während Kartschoke der Ansicht ist, mit der verlorenen „êre" (in diesem Kontext En. 1402, 1940, 1950, 2044, 2475) sei im *Eneasroman* nicht ihre Personalsphäre als Frau, sondern ihr Ansehen als Herrscherin gemeint[43], meint Syndikus, der Ehrverlust sei in der „Minne"[44] und nicht in der Herrschaft begründet[45], d.h. Didos Schmach sowie die Ursache für ihren Selbstmord besteht vor allem darin, dass sie von Aeneas verlassen worden ist. Erst das Übermaß ihres Liebes-Leides lässt Dido an

---

[39] Vgl. Binder 2009. S. 161.
[40] Syndikus' Auffassung, der Erzähler des *Eneasromans* befürworte Didos Verhalten im Wald (vgl. Syndikus 1992. S. 78), muss an dieser Stelle widersprochen werden: Der Erzähler kommentiert nämlich, dass „sie die schande [...] beschônen wolde, / als sie mit rehte solde, / die sie begienc in deme walt" (En. 1912ff.).
[41] Siehe 3.3.
[42] Vgl. Schröder 1968. S. 27 u. 30.
[43] Vgl. Kartschoke 1983. S. 105 u. 107.
[44] In der Minne sieht Syndikus eine „den gesamten Menschen verändernde [...] Macht" (Syndikus 1992. S. 73); nur die Minne könne eine derart mächtige Person zum Fall bringen (vgl. Syndikus 1992. S. 73). In der Minne sieht auch der Erzähler des *Eneasromans* den Grund dafür, dass Dido ihren Schmerz so wenig bändigen kann (vgl. En. 2524f.) und sie sich „zû sô freislîchen dingen" (En. 2529) hinreißen lässt.
[45] Vgl. Syndikus 1992. S. 59.

sich selbst schuldig werden[46]; Kartschoke ist sogar der Überzeugung, Didos Schuld bestehe überhaupt allein in ihrem Selbstmord[47]. Veldeke muss als mittelalterlicher Dichter diesen Selbstmord verurteilen[48], da Suizid in der christlichen Religion als Sünde angesehen wird.

Auch in der *Aeneis* finden sich Frevel Didos gegen eine göttliche Instanz: Sie stellt sich der Vorsehung der Götter entgegen, indem sie versucht, Aeneas in Karthago festzuhalten. An anderer Stelle kommentiert sie ironisch und abwertend, dass den Göttern nun, da sie beispielsweise Merkur zu Aeneas schicken müssen, um diesen an seine Bestimmung zu erinnern, Arbeit zukäme und sie in ihrer üblichen Ruhe gestört würden (vgl. Aen. IV 376ff.).

4. Fremdverschulden und Argumente gegen eine alleinige Schuld Didos an ihrem Unglück

Doch liegt die Schuld an ihrem Unglück wirklich allein bei Dido? Schließlich muss man beachten, dass sie von den eben alles andere als tatlosen Göttern instrumentalisiert, von Aeneas allein gelassen und von ihrer Schwester Anna in ihrem Handeln entscheidend beeinflusst worden ist.

4.1 Einfluss ihrer Schwester Anna

Als Dido sich ihrer Liebe zu Aeneas bewusst wird, wendet sie sich voll Vertrauen an die Schwester und bittet diese um Rat[49]. Obwohl die Königin zunächst noch fest entschlossen ist, ihr Gelübde einzuhalten, bringt Anna sie durch geschickte Argumentation dazu, ihr Zögern zu überwinden (vgl. Aen. IV 55): Sie bezweifelt „id cinerem aut manis [...] curare sepultos" (Aen. IV 34) und ist der Ansicht, dass Dido „von dem manne / alze vile âne nôt" (En. 1494f.) spricht, da dieser „manegen tach tôt" (En. 1496) ist. Anna versucht, Dido davon zu überzeugen, dass es sinnlos sei, die ganze Jugend ungenutzt zu lassen, keine Kinder zu bekommen und stets zu trauern, statt ihr Glück in der Liebe zu finden (vgl. Aen. IV 32f.). Sie zieht nämlich auch die Möglichkeit in Betracht, dass Aeneas, den sie überschwänglich als „edel" (En. 1540), „von hêreme geslehte" (En. 1541), „scône und lussam" (En. 1545) und „frumech unde gût" (En. 1547) bezeichnet, Dido ebenfalls liebt (vgl. En. 1594f.).

Nicht nur aufgrund all dieser positiven Eigenschaften des Trojaners sieht Anna in ihm eine „gute Partie" für ihre Schwester; sie argumentiert durchaus auch in politischer Hinsicht: Die Stämme der Gaetuler, „genus <u>insuperabile</u> (Hervorh. d. Verf.) bello" (Aen. IV 40), Numider und Barcaeer (vgl. Aen. IV 41ff.) bedrohen Karthago von außen und der Bruder der Herrscherin droht offen mit Krieg (vgl. Aen. IV 43f.). Durch eine Heirat mit Aeneas allerdings könnten – laut Anna – derartige Gefahren leicht abgewendet werden: „quam tu urbem, soror, hanc cernes, quae surgere regna / coniugio tali! Teu-

---

[46] Vgl. Schröder 1968. S. 23.
[47] Vgl. Kartschoke 1983. S. 103.
[48] Vgl. Schröder 1968. S. 24.
[49] Vgl. Binder 2009. S. 161.

crum comitantibus armis / Punica se quantis attollet gloria rebus" (Aen. IV 47ff.); es wäre also nicht nur das Problem der äußeren Bedrohung Karthagos gelöst, sondern es bestünde sogar noch eine machtpolitische Chance auf einen weiteren Aufstieg Karthagos[50]. Wie könnte die Königin da noch Zweifel haben?

Außerdem möchte Anna Dido zeigen, wie sie am besten das von ihr subtil in der Herrscherin ausgelöste neue Ziel erreichen kann (vgl. En. 1570) und fordert sie auf, ihrem Rat zu folgen (vgl. En. 1508), den Göttern ein Opfer darzubringen, weiterhin gastfreundlich zu sein und diverse Gründe für einen Aufschub von Aeneas' Abreise zu erfinden (vgl. Aen. IV 50f.). In dieser Textstelle wird klar, dass Annas misslungener Rat nicht damit entschuldigt werden kann, dass sie nichts von der Bestimmung des Trojaners wusste.

Allerdings wird ihr Fehlverhalten gegenüber Dido dadurch relativiert, dass sie ihr nur helfen (vgl. En. 1515) und in keiner Weise schaden möchte (vgl. En. 1568)[51] – sie schätzt die Chance auf eine dauerhafte Beziehung Didos zu Aeneas schlichtweg falsch ein. Dessen Entschluss ist nämlich durch menschliche Strategien nicht beeinflussbar[52].

4.2 Schuld des Aeneas

Aeneas liebt Dido weder im *Eneasroman* noch in der *Aeneis* ernsthaft[53]; er nimmt lediglich, was ihm geboten wird[54]. „[H]er tete ir daz her wolde" (En. 1853), als die beiden bei der Jagd von dem Gewitter überrascht werden. Der Erzähler des *Eneasromans* begründet dessen Verhalten schlicht mit: „dô heter manlîchen mût" (En. 1840) und Giese ist sogar der Ansicht, Aeneas nehme sich Didos als „schützender Kavalier"[55] an[56].

Mit Aeneas' Abreise[57] kurz nach der „Hochzeit" (vgl. Aen. IV 316) wird aber Didos Ehre vollständig vernichtet. Dido, die von da an stets ihre Rolle als betrogene Gattin[58] betont (vgl. Aen. IV 330, En. 2225, Her. VII 69), wirft ihm vor, Eheschwur (vgl. Her. VII 18) und Treue gebrochen zu haben (vgl. Her. VII 57)[59] und hört nicht auf, ihn zu beschimpfen[60]. Außerdem zeigt sie sich empört darüber, dass er

---

[50] Vgl. Binder 2009. S. 161.
[51] Dido erkennt dies allerdings nicht und klagt Anna später an: „tu lacrimis evicta meis, tu prima furentem / his, germana, malis oneras atque obicis hosti" (Aen. IV 548f.).
[52] Vgl. Dittrich 1966. S.149. Siehe auch 4.3.
[53] Vgl. Giese 1968. S. 122.
    In den *Heroides* finden sich dazu keinerlei Angaben, da hier allein Didos Sichtweise beleuchtet wird.
[54] Vgl. Syndikus 1992. S. 104.
[55] Giese 1968. S. 122.
[56] Allerdings werden hier die Folgen für Dido außer Acht gelassen: Von ihrem guten Ruf bleibt nicht mehr viel übrig (vgl. Her. VII 5, siehe auch 3.5) und die umliegenden Herrscher, allen voran Iarbas, zeigen sich äußerst erzürnt darüber, dass Aeneas „rapto potitur" (Aen. IV 217, vgl. auch IV 320ff.).
[57] Vgl. Schröder 1968. S. 30.
[58] Kartschoke sieht Dido bei Vergil und Ovid als böswillig getäuscht (vgl. Kartschoke 1983. S. 100); jedoch kann Aeneas sie nicht mit seiner List hintergehen, was sich wiederum auf Didos außergewöhnliche Klugheit (siehe 2.2) zurückführen lässt.
[59] Vgl. Binder 2000. S. 130.

ihre Geschenke und seine von ihr verliehene Macht so wenig schätzt (vgl. Aen. IV 538ff., Her. VII 12ff., 27, En. 2210f.).

Als sie davon gekränkt (vgl. Aen. 368) zu weinen beginnt, reagiert Aeneas äußerst gefühlskalt (vgl. Aen. IV 369f.), sieht sie nicht einmal an und schenkt ihren Worten „mens immota" (Aen. IV 449) keinerlei Beachtung (vgl. Aen. IV 428, 238f.). Er ignoriert Didos Wehklagen nahezu[61], verschweigt seine Vorhaben (vgl. En. 1630) und plant seine Abreise heimlich (vgl. Aen. IV 288ff., En. 1979, 1633), was für die Königin eine noch größere Schmach bedeutet (vgl. En. 2027). Aeneas lässt sich dabei völlig von Merkur beeinflussen, welcher ihm rät, Karthago so schnell wie möglich zu verlassen (vgl. Aen. IV 565). Obwohl der Götterbote bereits erwähnt, Dido sei „certa mori" (Aen. IV 564), weicht Aeneas nicht von seinem Vorhaben ab (vgl. Aen. IV 581f.) und schenkt diesen Worten ebenso wenig Beachtung wie Didos eigener vorangehender Ankündigung ihres Selbstmordes (vgl. Aen. IV 308). Obwohl er ihr „grôzen missewende" (En. 2209) gebracht und „ein michel untât" (En. 2075) begangen hat, plagen ihn keinerlei Gewissensbisse – er genießt seinen Schlaf (vgl. Aen. IV 555). Dies ist ihm wohl nur aufgrund seiner Unfähigkeit, die Folgen seiner Abreise vollständig zu überblicken, möglich. Ohne viel darüber nachzudenken, lässt er die nach eigenem Bekunden möglicherweise sogar schwangere Dido (vgl. Her. VII 133ff.) schutzlos zurück[62] und kümmert sich nicht um die Gefahr, die von ihren politischen Gegnern ausgeht[63].

Für die Königin selbst besteht kein Zweifel, dass ihr „Aeneas [...] causam mortis" (Her. VII 195) gegeben hat (vgl. auch Her. VII 64, 68, 76); analog kommentiert der Erzähler des *Eneas-romans*, dass „Dîdônen die rîchen [...] sich sô jâmerlîchen / dorch sînen willen hete erslagen" (En. 3297ff.)[64]. Trotzdem erklärt Dido, kurz nachdem sie Aeneas auch im *Eneasroman* klar die Schuld an ihrem Unglück gibt (vgl. En. 2442ff.), sie wolle ihm „die scholde [...] vergeben" (En. 2446). Vielleicht ist dies einer der Gründe, warum Semrau in Dido die ideale Geliebte sieht, die zugrunde geht, nachdem sie von ihrem geliebten Mann verlassen worden ist[65].

Aeneas hingegen ist wohl alles andere als der ideale Liebhaber: Nach Schröder ist der Grund für Didos finales Unglück nämlich „nicht die Maßlosigkeit ihrer Leidenschaft [,] sondern das Versagen des

---

[60] Unter anderem bezeichnet sie ihn als „infidum" (Her. VII 30, vgl. auch Aen. IV 305, 366, Her. VII 79, 118 „perfide"), „inique" (Her. VII 45), „crudelis" (Aen. IV 661), „nefandi" (Aen. IV 497), „impius" (Aen. IV 496), „infandum caput" (Aen. IV 613), seine Hand als „impia" (Her. VII 130) und sein ganzes Volk als „periuria gentis" (Aen. IV 542). Siehe auch 3.1.
[61] Vgl. Schröder 1968. S. 38. Siehe auch 4.3.
Giese sieht in seinem Bekunden, der Abschied schmerze ihn ebenfalls, nicht mehr als Selbstbemitleidung und Sentimentalität (vgl. Giese 1968. S. 126).
[62] Vgl. Syndikus 1992. S. 103.
[63] Vgl. Schröder 1968. S. 33; ähnlich Binder 2000. S. 127.
[64] In der Aeneis finden sich zwar keine direkten Schuldzuweisungen Didos an Aeneas; allerdings wird, als sie nach seiner Abreise ihn und seine Nachfahren verflucht, klar, dass sie ihn für ihr Unglück verantwortlich macht (vgl. Aen. IV 590ff.).
[65] Vgl. Semrau 1930. S. 9.

männlichen Partners"[66], welchen er bereits zuvor als „unmännlich und jämmerlich"[67] degradiert. Sogar Giese, der Aeneas von persönlicher Schuld freisprechen möchte, kommt zu dem Schluss, man müsse ihm zumindest „tragische Verschuldung"[68] anlasten.

4.3 Die Rolle der Götter – Liebesleid und Wahnsinn Didos sowie entscheidende Beeinflussung der Ereignisse

Gieses Bemühungen, den Helden so weit wie möglich zu entschuldigen, liegen vor allem in seiner These begründet, Aeneas könne sich nicht gegen den Willen der Götter stellen, ohne selbst zugrunde zu gehen[69]. In der Tat spielen die Götter im Drama um Dido und ihren Untergang eine entscheidende Rolle; allen voran Venus, die ihren Sohn Cupido damit beauftragt, Dido mit einem Zauber zu belegen, so „daz in diu frouwe Dîdo / starke minnen began, / daz nie wîb einen man / harder mohte geminnen" (En. 744ff, vgl. auch Aen. I 657ff.). In der *Aeneis* bewirkt er gleichzeitig, dass Dido Sychaeus schlichtweg vergisst (vgl. Aen. I 720f.). Damit kann man ihr (zumindest in der *Aeneis*) den Treuebruch an ihrem früheren Ehemann wohl nicht mehr zum Vorwurf machen. „Die Schuld daran, dass Dido sich in Eneas <u>verliebte</u> (Hervorh. d. Verf.), liegt eindeutig bei den Göttern"[70]. So sind auch der Jagdausflug und das sich anschließende Gewitter[71] Teil des göttlichen Plans (vgl. Aen. IV 114ff.), der – ginge es nach Juno – eine gültige Ehe zwischen Dido und Aeneas zur Folge hat; doch Dido „dolo divum victa duorum est" (Aen. IV 95). Auch wenn Venus der Ehegöttin Juno ohne Widerspruch in ihrem Vorschlag zustimmt, kennt sie durchaus Jupiters Pläne für die spätere Schaffung eines neuen Großreiches durch Aeneas bis hin zur Vorherrschaft Roms (vgl. Aen. I 254ff.). Damit treibt sie „das bösartigere Spiel mit Dido"[72]. Während Didos Schutzgöttin Juno[73] dieser mit der von ihr initiierten Ehe nämlich nicht schaden[74], sondern lediglich Aeneas von seinem Fahrtziel abhalten möchte[75] (was wiederum die Machtposition Karthagos stärken würde, da es nie zur Gründung Roms käme), zielt Venus auf die Vernichtung Didos und Karthagos ab[76]. Dido, die gerade durch Venus die Ehe verbürgt sah, erkennt ihren Irrtum zu spät (vgl. Her. VII 107ff.) und gibt schließlich Cupido und seiner Mutter

---

[66] Vgl. Schröder 1968. S. 33.
[67] Vgl. Schröder 1968. S. 33.
[68] Giese 1968. S. 126.
[69] Vgl. Giese 1968. S. 124.
[70] Schröder 1969. S. 23.
[71] Die Göttin Fama macht daraufhin die Beziehung zwischen Dido und Aeneas in der ganzen Stadt bekannt. Dieses Gerücht bewirkt, dass König Iarbas nun Dido gegenüber höchst erzürnt ist (vgl. Aen. IV 190ff.), was wiederum besonders nach Aeneas' Abreise die Gefahr eines Angriffs oder Putschversuches verstärkt. Im weiteren Verlauf berichtet Fama Dido auch von Aeneas' heimlichen Abreiseplänen (vgl. Aen. IV 298).
[72] Dittrich 1966. S. 150.
[73] Die Göttin Juno wird von Dido aufs höchste verehrt (vgl. En. 410ff.). Nach Ansicht Dittrichs hat Juno im Eneasroman allerdings schon vor Didos Untergang ausgespielt (vgl. Dittrich 1966. S. 146) und kann der Herrscherin somit nicht besonders beistehen.
[74] Vgl. Dittrich 1966. S. 150.
[75] Juno ist dem Trojaner Aeneas wegen der Vergabe des Zankapfels durch Paris an Venus feindlich gesinnt (vgl. En. 156ff.).
[76] Vgl. Dittrich 1966. S. 150.

die Schuld an ihrem Unglück: „Ôwer (des Aeneas, Anm. d. Verf.) mûder Vênûs / und ûwer brûder Cupdiô / die macheten mich vil unfrô, / die mir daz herze habent genomen / daz mir mogen niht gefromen / alle mîne sinne" (En. 2367ff.). So ignoriert die Liebesgöttin auch Didos Hilferuf: „Parce, Venus, nurui" (Her. VII 31), der sich in ähnlicher Form auch im Eneasroman wiederfindet (vgl. En. 1264ff., 1405ff.).

Didos ganzes Leid resultiert aus ihrer durch den Zauber erweckten Liebe zu Aeneas: Im *Eneasroman* kann sie bei dem Gedanken an ihren Gast nicht schlafen (vgl. En. 1344ff., andeutungsweise auch bei Aen. IV 5), in den lateinischen Werken beim Gedanken an dessen Abreise (vgl. Aen. IV 529f., Her. VII 25f.). „At regina gravi [...] saucia cura / vulnus alit venis et caeco carpitur igni" (Aen. IV 1f.) – die Liebe zu Aeneas vergleicht sie mit einem Feuer (vgl. Aen. 2, 66, Her. VII 23, En. 867). Allerdings gebraucht sie dieses Bild nicht unbedingt als Metapher für ihre Leidenschaft; sie empfindet ihre Liebe vielmehr als „Wunde" (vgl. Aen. IV 2, 67, En. 852ff., 862, 879), da sie nicht sicher sein kann, ob Aeneas diese Liebe auch erwidert. Als dieser nach dem Gastmahl schlafen gehen möchte, „was der frouwen vile leit, / wand si ungerne von im schiet" (En. 1254f.), sie schwitzt, zittert (vgl. En. 1386) und leidet große Qualen (vgl. En. 1387, 1431, 1634)[77].

Wie der Erzähler des *Eneasromans* bereits zu Beginn andeutet (vgl. En. 820), zieht der göttliche Liebeszauber also bedenkliche Folgen nach sich: Die Königin ist wie von Sinnen (vgl. En. 839), ihr Verstand setzt aus (vgl. En. 1403) und sie ist vollkommen durcheinander (vgl. En. 1410f.). Diese Wirkung steigert sich, als Dido von Aeneas' Aufbruchsplänen erfährt, ins Unermessliche: Die Verlassene „concepit furias evicta dolore / decrevitque mori" (Aen. IV 474f.), schlägt sich auf die Brust und reißt sich die Haare aus (vgl. Aen. IV 589f.) – „si rach unsanfte ir zorn" (En. 2345). „[S]ubito accensa furore" (Aen. IV 679) stirbt sie schließlich. Im *Eneasroman* wird „daz si den tôt alsô kôs" (En. 2428) mit „daz quam von unsinne. / ez was unrehtiu minne, / diu sie dar zû dwanc" (En. 2429ff.) kommentiert[78]. Dido ist also machtlos über ihre Vernunftkräfte[79], zerrissen zwischen Sinn und Wahnsinn[80], der selbstzerstörerischen Wirkung ihrer Liebe ausgeliefert[81]. Damit scheitert „die gottgewollte, von jenseitigen Mächten ihr auferlegte Liebe aber [...] an eben diesem Götterwillen"[82].

---

[77] Zu weiteren Schilderungen ihres Leidens vgl. auch Aen. IV 68ff., 76, 82, 388ff. (wird ohnmächtig), 409ff., 437, 464 (Alpträume), 630f., 651f., 659f., En. 874ff., 1248f., 1257f., 1802, 2160, 2247ff., 2352f., 2374f., 2386ff., Her. VII 111f., 180.

[78] Auch Anna begründet Didos Selbstmord mit „daz quam von unsinne" (En. 2472). Zu weiteren Schilderungen ihres Wahnsinns vgl. auch Aen. IV 78 („demens"), 283 („reginam [...] furentem"), 452ff. (Dido opfert und meint, der Wein verwandle sich in schwarzes Blut), 460ff. (sie glaubt, die Stimme ihres toten Gatten zu hören), 465, 595 („mentem insania mutat"), 642ff., En. 802ff., 875ff., 1245ff., 1425, 1440f., 1470, 2015, 2322, 2426f., 2506ff.

[79] Ähnlich bei Schröder 1969. S. 24. Schröder ist der Ansicht, Dido habe ihren Verstand verloren und dies wäre nicht geschehen, wenn sie Aeneas nicht so geliebt hätte. Kartschoke verwendet hier (in Anlehnung an den Liebeszauber) den Begriff „zauberische Verblendung" (Kartschoke 1983. S. 103).

[80] Vgl. Dittrich 1966. S. 153ff.

[81] Vgl. Binder 2000. S. 23.

[82] Kartschoke 1983. S. 99.

Dido liebt Aeneas, „dum fata deusque sin[it]" (Aen. IV 651), also bis Jupiter Merkur damit beauftragt, Aeneas zur Weiterreise aufzufordern (vgl. Aen. IV 223ff., 265ff., 355ff., En. 1958ff., Her. VII 139). Auch wenn dies für Aeneas „horrida iussa" (Aen. IV 378) sind, lassen die Götter, gegen die sich niemand stellen kann (vgl. En. 2155f.), ihn nicht bleiben (vgl. En. 2031) – das Schicksal zwingt ihn zur Abreise (vgl. En. 2174). Dido verlangt erst nach Kenntnis dieses Fatums nach dem Tod (vgl. Aen. IV 450f.) – für ihr Glück „fata obstant placidasque viri deus obstruit auris" (Aen. IV 440).

5. Fazit: beschränkter Handlungsspielraum der Personen aufgrund von göttlicher Beeinflussung

Damit kann man Aeneas wohl das Ignorieren von Didos Klagen sowie seine Abreise nicht mehr vorwerfen. Allerdings weiß Aeneas von Anfang an, dass das Ziel seiner Reise Italien sein wird und er nicht in Karthago verweilen kann. Daher hätte er aus Rücksicht auf Didos Ansehen kein Verhältnis mit ihr anfangen sollen. Syndikus' Ansicht, Aeneas handle unüberlegt[83], entspricht der Tatsache, dass Aeneas, obwohl er sich Didos Selbstmordabsichten bewusst ist, diese und ihre Stadt verlässt, ohne zumindest eine Schar seiner Anhänger zu deren Schutz dort zu lassen. Etwas Derartiges hätte man in Anbetracht ihrer bemerkenswerten Gastfreundschaft durchaus erwarten können.

Zwar quält Dido Aeneas wohl anfangs durch ihre Aufforderungen, er solle von Trojas Niederlage erzählen, und will ihn später an der Abreise hindern, aber sie tut dies nur aufgrund ihrer Liebe zu ihm. Nach Schröder ist „[a]lle Schuld [...] im Grund Schuld an der Liebe. Dido ist die letzte, die in dieser Hinsicht schuldig zu sprechen wäre"[84], denn Didos Liebe ist schließlich von den Göttern veranlasst worden. Damit kann man ihr den Bruch ihres Schwurs gegenüber Sychaeus, die Taktlosigkeit gegenüber Iarbas und den Landesherren (und damit auch die Gefahr eines Angriffs dieser) sowie die Vernachlässigung ihre Herrschaftspflichten nicht mehr anlasten[85]. Der Missstand, dass Karthago jetzt keinen regierenden Herrscher mehr hat, hätte sich beispielsweise durch das Verfassen eines Testaments oder die Übergabe der Regierungsgeschäfte an Anna leicht vermeiden lassen. Besser wäre es allerdings gewesen, Dido hätte sich Anna anvertraut. Vielleicht hätte dann der Selbstmord verhindert und Didos junges Leben, ihre Schönheit und Weisheit sowie Karthagos Anspruch auf (Welt)Herrschaft bewahrt werden können; schließlich möchte Anna nur das Beste für ihre Schwester. Daher können ihre gut gemeinten Ratschläge Aeneas betreffend ebenfalls entschuldigt werden. Nicht entschuldigen lässt sich jedoch Didos in jeder Hinsicht unnötige Veranlassung, dass Anna ihren (= Didos) Scheiterhaufen errichtet.

Anders verhält es sich mit den verbleibenden Punkten, die man Dido vorwerfen kann: Ihre Beleidigungen gegenüber Aeneas sowie ihr Freveln gegenüber den Göttern. Man kann aber durchaus zuge-

---

[83] Vgl. Syndikus 1992. S. 105.
[84] Schröder 1969. S. 32.
[85] Die Tatsache, dass sie die Herrschaftsgewalt an einen Fremden übergibt sowieso nicht, da sie durch Venus ihre Ehe als gesichert betrachtet (vgl. Her. VII 107f.).

ben, dass sie zu beidem Anlass hat: Insbesondere die Götter verhalten sich Dido gegenüber äußerst rücksichtslos, instrumentalisieren sie und sind die Ursache ihres Leidens, ihres Wahnsinns und schließlich ihres Selbstmordes. Damit sind „[d]ie Menschen [...] nur ein Spielball im weltpolitischen Widerstreit der Göttinnen (Venus und Juno, Anm. d. Verf.), die ihre Wirkungsbereiche in böser Absicht einsetzen"[86]. Auch wenn Dido meint, es wäre ihr nicht möglich gewesen, „sine crimine vitam / degere" (Aen. IV 550f.), und überzeugt ist, sie könne die Schuld niemand anderem geben, da sie ihr eigener Entschluss getötet habe (vgl. En. 2300ff.) – „ichn mach daz niht gesprechen / daz es iemannes scholt sî" (En. 2304f.) – trifft sie selbst letztendlich auch keine.

---

[86] Dittrich 1966. S. 150, ähnlich S. 149; vgl. auch Binder 2000. S. 122.

6. Literaturverzeichnis

I. Primärliteratur

Ovid: Liebesbriefe. Heroides – Epistulae. Lateinisch und deutsch. Herausgegeben, übersetzt und erläutert von B. W. Häuptli. Düsseldorf und Zürich ²2001.

v. Veldeke, H.: Eneasroman. Mittelhochdeutsch/ Neuhochdeutsch. Übersetzt, mit einem Stellenkommentar und einem Nachwort von Kartschoke, D. Stuttgart 2010.

Vergil: Aeneis. 1. und 2. Buch. Lateinisch und Deutsch. Mit 23 Abbildungen. Übersetzt und herausgegeben von E. und G. Binder. Rev. und bibl. ergänzte Ausgabe. Stuttgart 2007.

Vergil: Aeneis. 3. und 4. Buch. Lateinisch und Deutsch. Mit 25 Abbildungen. Übersetzt und herausgegeben von E. und G. Binder. Rev. und bibl. ergänzte Ausgabe. Stuttgart 2009.

II. Sekundärliteratur

Binder, G., Andrae, J. u. a.: Dido und Aeneas. Vergils Dido-Drama und Aspekte seiner Rezeption. In: Binder, G., Effe, B. u. a. (Hrsg.): Bochumer Altertumswissenschaftliches Colloquium. Bd. 47. Trier 2000.

Dittrich, M.: Die 'Eneide' Heinrichs von Veldeke. 1. Teil. Quellenkritischer Vergleich mit dem Roman d'Eneas und Vergils Aeneis. Wiesbaden 1966.

Dittrich, M.: Gote und got in Heinrichs von Veldeke Eneide. In: Zeitschrift für deutsches Altertum und deutsche Literatur. Heft 1. 1960. S. 85-122, S. 198-240, S. 274-302.

Giese, A.: Heinrichs von Veldeke Auffassung der Leidenschaften 'Minne' und 'Zorn' in seinem "Eneasroman". Süchteln 1968.

Kartschoke, D.: Didos Minne – Didos Schuld. In: Krohn, R. (Hrsg.): Liebe als Literatur. Aufsätze zur erotischen Dichtung in Deutschland. Unter Mitwirkung von Brackert, H., Bumke, J. u. a. München 1983. S. 99-116.

Keilberth, T.: Die Rezeption der antiken Götter in Heinrichs von Veldeke "Eneide" und Herborts von Fritzlar "Liet von Troye". Berlin 1975.

Kistler, R.: Heinrich von Veldeke und Ovid. Tübingen 1993.

Lexer, M. (1878): Mittelhochdeutsches Handwörterbuch. http://woerterbuchnetz.de/Lexer/?sigle=Lexer&mode=Vernetzung&lemid=LR01049 (Stand: 05.11.2012).

Lienert, E.: Deutsche Antikenromane des Mittelalters. In: Besch, W. und Steinecke, H.: Grundlagen der Germanistik. Bd. 39. Berlin 2001.

Ruh, K.: Höfische Epik des deutschen Mittelalters. I: Von den Anfängen bis zu Hartmann von Aue. In: Moser, H. (Hrsg.): Grundlagen der Germanistik. Bd. 7. Berlin 1967.

Schröder, W.: Dido und Lavine. In: Schröder, W.: Veldeke Studien. Wieder in: Beihefte zur Zeitschrift für deutsche Philologie. Heft 1. 1969. S. 13-51.

Semrau, E.: Dido in der deutschen Dichtung. In: Merker, P. und Lüdtke, G. (Hrsg.): Stoff- und Motivgeschichte der deutschen Literatur. Bd. 9. Berlin und Leipzig 1930.

Spentzou, E.: Readers and Writers in Ovid's Heroides. Transgressions of Genre and Gender. Oxford 2003.

Syndikus, A.: Dido zwischen Herrschaft und Minne. Zur Umakzentuierung der Vorlagen bei Heinrich von Veldeke. In: Beiträge zur Geschichte der deutschen Sprache und Literatur. Heft 1. 1992. S. 57-107.

Diese Seminararbeit wurde von der Elisabeth-J.-Saal-Stiftung ausgezeichnet.

Mein besonderer Dank gilt meinem Seminarlehrer für die beispiellose Betreuung, Beratung und Hilfe beim Erstellen dieser Arbeit und meiner Mutter – für alles andere.